AF349550

NÉCROLOGIE

EMILIE DE VARS

Extrait du journal *La Graphologie* du 15 mai 1877.

C'est l'âme profondément déchirée par la douleur que je donne aux amis de la Graphologie la triste nouvelle de la mort de ma collaboratrice Emilie de Vars. Elle a été la première à comprendre la portée de la science nouvelle, et à lui prédire son éclatant succès. Cette œuvre avait absorbé ses dernières années. Elle administrait ce journal avec tout le dévouement qu'une femme de cœur peut apporter à tout ce qu'elle aime. Cependant son écriture généralement descendante, ses barres d'une mollesse, d'une hésitation excessives, nous donnent une nature portée au pessimisme. Elle voyait rarement les choses sous leur aspect favorable. Mais la Graphologie faisait exception pour elle; et souvent elle me disait : « C'est une magnifique affaire: prenez garde de la compromettre ! » Sa grande prudence m'a certainement épargné beaucoup de fautes. Mon écriture est l'opposé de la sienne: je suis dans les ascendants, c'est-à-dire les ardents, les prime-sautiers, les hommes de première impression, qui ne calculent pas, et ne voient les objets que sous le point de vue qu'a produit en eux le premier mirage.

Mon aimable et prudente amie me tenait en garde contre ces excès de mon organisation, qu'elle connaissait depuis quarante-cinq ans.

La science nouvelle, et, en particulier, la feuille qui en est l'organe font en elle une perte irréparable. Je serai seul dorénavant avec les impétuosités souvent irréfléchies de ma pensée. Mon sage modérateur va me manquer ; et, d'autre part, nos lecteurs n'auront plus ces gracieuses causeries, d'un style si pur, où cette plume sensée et délicate savait dire si bien les plus simples choses. C'etait une femme du grand siècle égarée dans notre dix-neuvième siècle.

Elle a appartenu à la pléiade des femmes de lettres qui ont honoré l'époque contemporaine, et à la tête desquelles était l'illustre George Sand. Il y a ceci de remarquable, dans ce siècle, que l'école qui a formé nos grands écrivains n'a pas seulement compté des hommes de génie. L'humanité ne peut pas se scinder ; et ce serait une étrangeté dans l'histoire littéraire et philosophique d'un peuple, qu'un grand éclat de pensée jaillissant des cerveaux mâles, pendant que les femmes fussent restées en dehors du mouvement auquel toute une époque devra sa gloire si sérieuse et si vraie.

Une chose a manqué à Emilie de Vars pour se faire l'une de ces réputations bruyantes qui s'imposent, et que des ennemis même ne contestent pas, la confiance dans sa force. Toujours l'écriture descendante : la défiance de soi, le découragement facile, la crainte de la pensée publique. Etre jugée « un bas-bleu », c'est-à-dire une femme poseuse, prétentieuse, endossant le haut de chausses masculin, comme on parlait au XVIIe siècle, être classée parmi les précieuses ridicules que Molière a stigmatisées dans son théâtre, était sa terreur profonde. Elle n'était pas maîtresse de cette crainte.

De là ces allures timides dans ses pages. Elle avait peur du risqué. Elle était femme ; et elle voulait respecter profondément en elle la femme. Elle était Mademoiselle de Vars ; et son grand tact, son sentiment exquis de ce qui convient ne lui laissaient pas dépasser d'une ligne à peine sensible, ce qui est permis uniquement à la femme délicate qui a le sentiment doux de ne s'être jamais souillée.

Je n'ai point oublié qu'allant dîner avec elle, tous les étés, chaque semaine, chez le bon docteur D..., qui fut notre ami, à sa jolie villa d'Asnières, je rencontrais souvent, dans cette maison si hospitalière, un original plein d'esprit, un artiste passionné pour son art, le professeur Wartel, qui a formé pour le chant tant d'élèves remarquables. Il avait été très-frappé, lui, homme du monde, si blasé sur tant de choses, de l'aspect profondément honnête et pur de cette femme de lettres, ayant encore beaucoup de l'éclat de la jeunesse longtemps prolongée, dont il ne pouvait pas contester la valeur intellectuelle. Il avait inventé pour elle un mot qui devra rester et qui a sa place naturelle dans tout dictionnaire bien fait de notre langue française. « Cette femme, disait-il, est d'un remarquable *pudisme*. »

Et cependant rien n'était moins prude que cette aimable Emilie de Vars. La gauloiserie la faisait sourire ; et elle s'émancipait quelquefois en gauloiserie. Mais c'était chez elle, l'unique joyeuseté de l'esprit français ; ces petites libertés de notre langue, en passant par sa bouche, devenaient chastes.

Beaucoup des nombreux amis qu'elle a eus dans le monde des lettres ont toujours été frappés de ce beau cachet de pudeur qui faisait contraste avec ce qu'on est accoutumé de rencontrer trop souvent dans le sexe féminin « qui va à l'encre ». La littérature a, comme la royauté, des privilèges acceptés de l'opinion. Emilie de Vars n'acceptait pas ce privilége ; et elle ne croyait pas que la femme, du moment qu'elle écrit, pût se permettre cette émancipation que l'histoire indulgente semble pardonner à un Louis XIV, mais qu'elle ne devrait jamais pardonner à une femme délicate.

Emilie de Vars a beaucoup écrit. La *Joueuse* fut l'un de ses premiers ouvrages ; et elle écrivit ce roman d'après nature ; elle avait été très-joueuse. Les *Roquevoir*, les *Mémoires d'une institutrice* sont de charmants romans et d'une littérature absolument réservée. Les *Amours d'une Cosaque* ont été son dernier roman ; et c'est un grand artiste qu'une liaison imprudente a compromis, dont elle a raconté, dans cette œuvre, la chute due à des surprises, peut-être à une séduction préméditée. Il y a des femmes qui ont une volupté cruelle à se dire d'un homme de génie : Je le ferai tomber.

Mais l'œuvre sérieuse d'Emilie de Vars, c'est le livre des *Ultrà-Catholiques*, publié pendant le Concile, et qui parut en 1870. Le bruit de cette parole fut étouffé par celui d'une guerre cruelle, et des terreurs plus cruelles encore que nous fît subir la Commune. Mais il y a là une valeur sérieuse de polémique.

Tous les critiques ont relevé le côté viril de cette belle production.

Un de nos grands journaux européens a publié d'elle des correspondances qui ont toujours été très-remarquées. Elle connaissait bien son monde sacerdotal, et elle avait prévu, depuis longtemps, ces entraînements dangereux, gros de tempêtes pour l'avenir, dans lesquels des ardeurs mal contenues jettent toujours trop facilement, même des esprits graves, qui ne calculent pas avec assez de sang-froid, les horribles conséquences des extravagances, fussent-elles les plus légères, en matière religieuse.

Telle a été la femme remarquable que la littérature française a perdue. C'est une des gloires les plus pures de ce siècle dans les rangs des femmes auteurs. Elle m'avait souvent témoigné le désir d'entrer dans la Société des Gens de lettres. Mais les cerveaux à écriture descendante remettent toujours à l'année prochaine ; et c'est ainsi que l'on finit par ne rien exécuter de ce qu'on a voulu. Je suis heureux d'exprimer cette sympathie d'Emilie de Vars pour la Société des Gens de lettres.

Et maintenant que j'ai dit tous mes regrets au nom de la science et de la littérature, je ne permettrai à ma plume qu'un seul mot sur le vide terrible que l'absence de cette sœur de mon âme va faire dans mon existence. Plus de quarante ans d'une intimité délicate et charmante ont été la longue et pure volupté que mon cœur d'artiste et de poète a savourée avec délices, parce qu'elle n'était accompagnée par aucun remords.

Elle m'estimait profondément, autant peut-être qu'elle m'aimait ; et c'était immense Aussi, quand l'ange de la mort est venu étendre ses premières ombres sur son visage pâli par la douleur, elle n'a pas voulu qu'aucune autre bouche que la mienne fît descendre, sur son âme, la parole de la réconciliation suprême. L'ami du cœur a été le confident de ses derniers regrets et de son sincère repentir de tout ce qui avait pu échapper à une si belle âme, dans les longues années de son existence.

Que ces lignes partent donc ! qu'elles traversent l'Atlantique ! qu'elles aillent à Costa Rica, sous l'équateur, porter à mon si estimable ami, Léonce de Vars, le souvenir

chaleureux des hommes de lettres de l'Europe pour cette sœur qu'il aima passionné-
ment et dont il avait tant raison d'être fier ;

Adieu, belle et sainte âme ! Adieu, noble créature ! Tu seras, malgré tes modesties excessives, l'un des noms les plus honorés parmi les femmes du XIXe siècle. Et, quand on aura nommé l'étoile de première grandeur, George Sand, qui brille dans la pléiade féminine de notre temps, tu seras citée parmi celles à qui il n'a manqué qu'un élan de plus grande hardiesse pour jeter à ton tour le plus vif éclat.

Notre pensée, notre amour te suivent dans la patrie impérissable à laquelle t'avaient préparée des peines que la Providence n'épargne pas plus aux génies élevés qu'aux intelligences les plus vulgaires. Tu as eu tes douleurs, comme nous les avons eues tous ; mais tu ne seras pas oubliée dans notre histoire littéraire ; et la ville d'Angoulême, dans cette belle contrée arrosée par le petit fleuve que Henri IV appelait « le plus joli ruisseau de son royaume » placera ton nom à côté de celui des hommes qui lui ont fait le plus d'honneur et qui l'ont le plus illustrée.

JEAN-HIPPOLYTE MICHON

Orléans. — Typogr. A. CHÉNÉ, successeur de M. BASCHET. N° 177.

www.ingramcontent.com/pod-product-compliance
Lightning Source LLC
LaVergne TN
LVHW010813180726
843502LV00011B/4485